Impressum
Verlag: BABADADA GmbH, Nedderfeld 112 , 22529 Hamburg
Geschäftsführer / Verlagsleitung: Harald Hof
Druck: Books on Demand GmbH, In de Tarpen 42, 22848 Norderstedt

Imprint
Publisher: BABADADA GmbH, Nedderfeld 112 , 22529 Hamburg, Germany
Managing Director / Publishing direction: Harald Hof
Print: Books on Demand GmbH, In de Tarpen 42, 22848 Norderstedt

school
ကျောင်း

classroom
စာသင်ခန်း

divide
စားသည်

186/2

board
ဘုတ်ပြား

school yard
ကျောင်းဝင်း

teacher
ဆရာ ဆရာမ

paper
စာရွက်

write
စာရေးသည်

pen
ဘောပင်

desk
စာရေးစားပွဲခုံ

ruler
ပေတံ

book
စာအုပ်

pupil
သူငယ်အိမ်

satchel

အဖုံးပါ သေားလွယ်အိတ်

pencil case

ခဲတံပုံး

pencil

ခဲတံ

pencil sharpener

ချွန်စက်

rubber

ခဲဖျက်

drawing pad

ပုံဆွဲစာအုပ်

drawing

ပုံဆွဲခြင်း

paintbrush

ဆေးခြယ်သည့် စုပ်တံ

paint box

အရောင်စုံ ပုံး

scissors

ကပ်ကြေး

glue

ကော်

exercise book

လေ့ကျင့်ခန်းစာအုပ်

homework

အိမ်စာ

12

number

နံပါတ်

2+2

add

ပေါင်းသည်

5-2

subtract

နုတ်သည်

2×2

multiply

မြှောက်သည်

calculate

တွက်ပါ

A

letter

စာ

ABCDEFG
HIJKLMN
OPQRSTU
VWXYZ

alphabet

အက္ခရာ

hello

word

စကားလုံး

text

ဖတ်စာအုပ်

read

ဖတ်သည်

chalk

မြေဖြူ

lesson

သင်ခန်းစာ

register

ကျောင်းခေါ်ချိန်
မှတ်တမ်းစာအုပ်

examination

စာမေးပွဲ

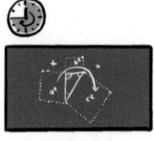

certificate

အထောက်အထားလက်မှတ်

school uniform

ကျောင်းဝတ်စုံ

education

ပညာရေး

encyclopedia

စွယ်စုံကျမ်း

university

တက္ကသိုလ်

microscope

အနုကြည့်မှန်ပြောင်း

map

မြေပုံ

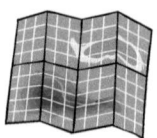

waste-paper basket

အမှိုက်စက္ကူပုံး

hotel
ဟိုတယ်

Grand

hostel
ဘော်ဒါဆောင်

ROOMS

currency exchange office
ငွေလဲဌာန

EXCHANGE

suitcase
ခရီးဆောင်အိတ်

car
ကား

language

ဘာသာစကား

yes / no

မှန် / မှား

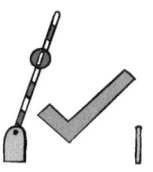

Okay

အိုကေ

hello

ဟယ်လို

translator

ဘာသာပြန်

Thank you

ကျေးဇူးတင်ပါတယ်

how much is...?

......က ဘယ်လောက်လဲ။

I don't get it

ကျွန်ုပ် နားမလည်ဘူး

problem

ပြဿနာ

Good evening!

မင်္ဂလာ ညနေခင်းပါ။

Good morning!

မင်္ဂလာ နံနက်ခင်းပါ။

Good night!

မင်္ဂလာ ညပါ။

goodbye

ဘိုင်းဘိုင်

direction

ဦးတည်ရာ

luggage

ခရီးဆောင်သေတ္တာ

bag

အိတ်

backpack

ကျောပိုးအိတ်

guest

ဧည့်သည်

room

အခန်း

sleeping bag

တစ်ကိုယ်စာအိပ်ယာလိပ်

tent

ရွက်ထည်တဲ

tourist information

ခရီးသွားဧည့်သည်အတွက်
သတင်းအချက်အလက်

beach

ကမ်းခြေ

credit card

အကြွေးဝယ်ကတ်

breakfast

နံနက်စာ

lunch

နေ့လည်စာ

dinner

ညစာ

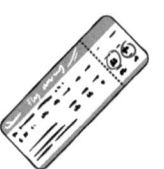

Ticket

လက်မှတ်

elevator

ဓာတ်လှေကား

stamp

တံဆိပ်ခေါင်း

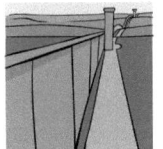

border

နယ်စပ်

customs

အခွန်များ

embassy

သံရုံး

visa

ဗီဇာ

passport

နိုင်ငံကူးလက်မှတ်

travel - ခရီးသွားသည်

transport
သယ်ယူပို့ဆောင်ရေး

airplane
လေယာဉ်ပျံ
ship
သင်္ဘော
fire truck
မီးသတ်ကား
bus
ဘတ်စ်ကား
truck
ထရပ်ကား
motorboat
မော်တော်ဘုတ်
bike
စက်ဘီး
car
ကား

ferry
ဖယ်ရီသင်္ဘော

boat
လှေ

motorbike
မော်တော်ဆိုက်ကယ်

police car
ရဲကား

racing car
ပြိုင်ကား

rental car
စင်းလုံးငှားကား

car sharing

ကားဝေမျှသုံးစွဲခြင်း

tow truck

ပျက်နေသော ထရပ်ကား

garbage truck

အမှိုက်သယ်ယာဉ်

engine

မော်တာ

fuel

လောင်စာ

fuel station

ဓာတ်ဆီဆိုင်

traffic sign

လမ်းကြောပြ ဆိုင်းဘုတ်

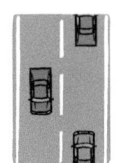

traffic

ယာဉ်အသွားအလာ

traffic jam

လမ်းကြောပိတ်ဆို့မှု

parking lot

ကားရပ်နားရာနေရာ

train station

ရထားဘူတာရုံ

tracks

လမ်းကြောင်းများ

train

ရထား

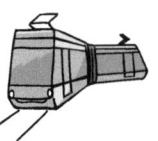

tram

ဓာတ်ရထား

wagon

ရထားလုံး

helicopter

ဟယ်လီကော်ပီတာ

airport

လေဆိပ်

tower

တာဝါ

passenger

ခရီးသည်

container

ထည့်စရာပုံး

carton

ကတ်ထူပုံး

cart

လှည်း

basket

ခြင်း

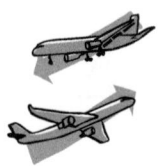

take off / land

ထွက်ခွာ / ဆိုက်ရောက်

city

မြို့တော်

village

ကျေးရွာ

city center

မြို့လယ်ခေါင်

house

အိမ်

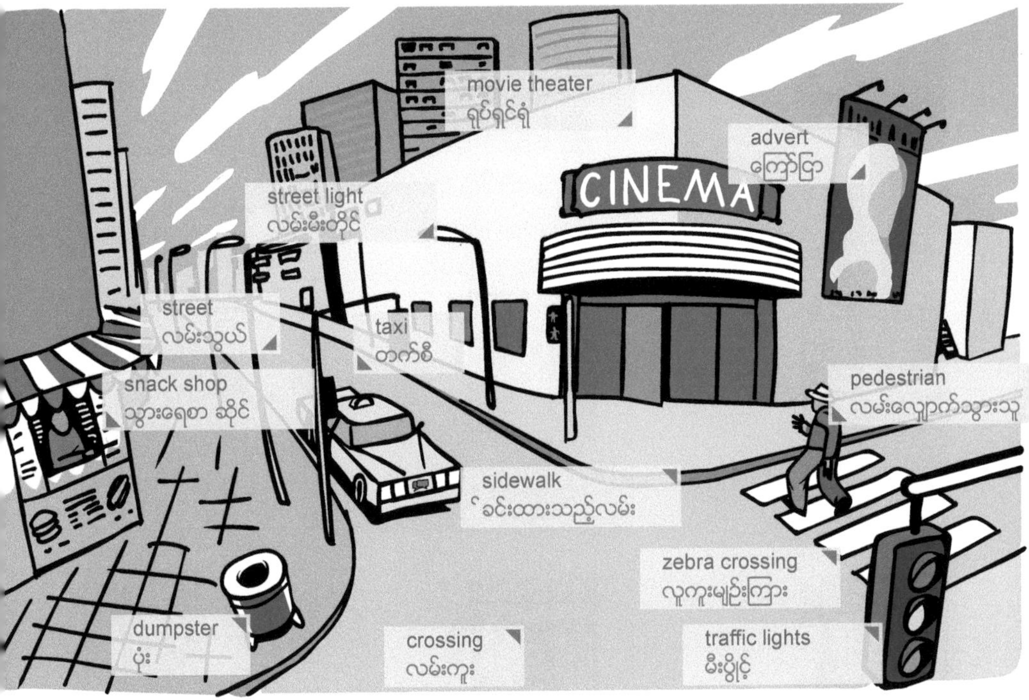

CINEMA
movie theater
ရုပ်ရှင်ရုံ
advert
ကြော်ငြာ
street light
လမ်းမီးတိုင်
street
လမ်းသွယ်
taxi
တက္ကစီ
snack shop
သွားရေစာ ဆိုင်
pedestrian
လမ်းလျှောက်သွားသူ
sidewalk
ခင်းထားသည့်လမ်း
zebra crossing
လူကူးမျဉ်းကြား
dumpster
ပုံး
crossing
လမ်းကူး
traffic lights
မီးပွိုင့်

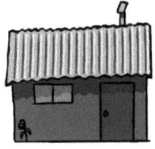

hut

တဲအိမ်

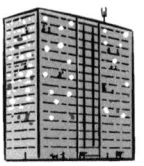

apartment

နေအိမ်ခန်း

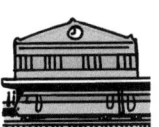

train station

ရထားဘူတာရုံ

city hall

မြို့တော်ခန်းမ

MUSEUM

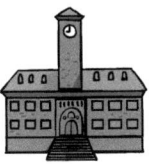

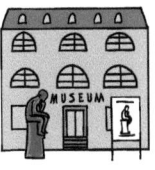

museum

ပြတိုက်

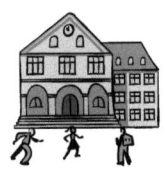

school

ကျောင်း

university

တက္ကသိုလ်

bank

ဘဏ်

hospital

ဆေးရုံ

hotel

ဟိုတယ်

pharmacy

ဆေးဆိုင်

office

ရုံးခန်း

book shop

စာအုပ်ဆိုင်

shop

ဆိုင်

flower shop

ပန်းရောင်းသူ၏

supermarket

စူပါမားကတ်

market

ဈေး

department store

ပစ္စည်းမျိုးစုံရောင်းသည့်
စတိုးဆိုင်ကြီး

fishmonger's shop

ငါးရောင်းသူ၏

mall

ဈေးဝယ်စင်တာ

harbor

သင်္ဘောဆိပ်

park
အနားယူပန်းခြံ

bench
ထိုင်ခုံတန်း

bridge
တံတား

stairs
လှေကားထစ်များ

subway
မြေအောက်

tunnel
ဥမင်လှိုင်ခေါင်း

bus stop
ဘတ်စ်ကားမှတ်တိုင်

bar
ဘား

restaurant
စားသောက်ဆိုင်

postbox
စာတိုက်သေတ္တာ

street sign
လမ်းဆိုင်းဘုတ်

parking meter
ကားရပ်နားခ ကောက်ခံသည့် မီတာ

zoo
တိရိစ္ဆာန်ရုံ

swimming pool
ရေကူးကန်

mosque
ဗလီ

farm

လယ်ယာ

pollution

ညစ်ညမ်းမှု

cemetery

သချႋႋင်းကုန်း

church

ဘုရားရှိခိုးကျောင်း

playground

ကစားကွင်း

temple

ဘုရားကျောင်း

landscape

ရှုခင်း

leaf
သစ်ရွက်

signpost
ဆိုင်းဘုတ်

path
လမ်း

meadow
မြက်ခင်း

stone
ကျောက်တုံး

hiker
တောင်တက်သမား

tree
သစ်ပင်

river
မြစ်

grass
မြက်

flower
ပန်း

valley

တောင်ကြား

hill

တောင်ကုန်း

lake

ရေကန်

forest

သစ်တော

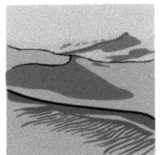

desert

သဲကန္တာရ

volcano

မီးတောင်

castle

ရဲတိုက်

rainbow

သက်တန့်

mushroom

မှို

palm tree

ထန်းပင်

mosquito

ခြင်

fly

ပျံသန်းသည်

ant

ပုရွက်ဆိတ်

bee

ပျား

spider

ပင့်ကူ

beetle

ပိုးတောင်မာ

frog

ဖား

squirrel

ရှဉ့်

hedgehog

ဖြူကောင်

hare

ယုန်

owl

ဇီးကွက်

bird

ငှက်

swan

ငန်း

boar

တောဝက်

deer

သမင်

moose

ချိုပြားဒရယ်

dam

ဆည်

wind turbine

လေအားသုံး
လျှပ်စစ်ဓာတ်အားပေးစက်

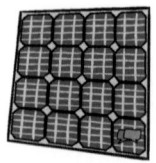

solar panel

နေရောင်ခြည်ခံပြား

climate

ရာသီဥတု

restaurant
စားသောက်ဆိုင်

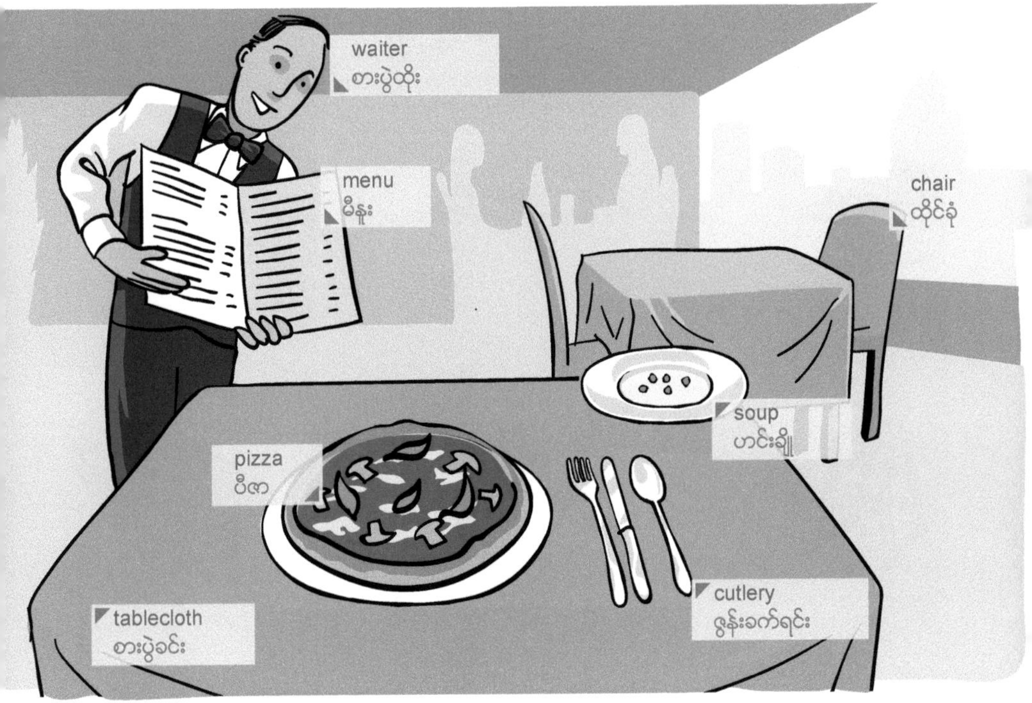
waiter
စားပွဲထိုး
menu
မီနူး
chair
ထိုင်ခုံ
soup
ဟင်းချို
pizza
ပီဇာ
cutlery
ဇွန်းခက်ရင်း
tablecloth
စားပွဲခင်း

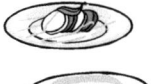

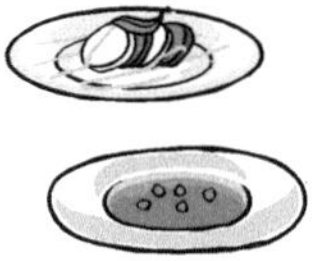

starter

ပထမဆုံး စားသည့် အစာ

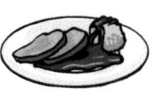

main course

ပင်မ အစာ

dessert

အချိုပွဲ

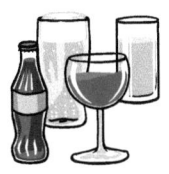

drinks

သောက်စရာများ

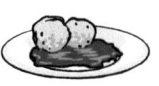

food

အစားအစာ

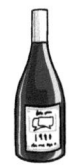

bottle

ပုလင်း

fast food

အသင့်ပြင်ပြီးသား အစားအစာ

street food

လမ်းဘေးအစားအစာ

teapot

လက်ဖက်ရည်အိုး သို့မဟုတ်
ရေနွေးကြမ်းအိုး

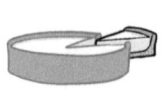

sugar bowl

သကြားအိုး

portion

တစ်ယောက်စာ

espresso machine

အက်စ်ပရက်ဆို ကော်ဖီစက်

high chair

ထိုင်ခုံအမြင့်

bill

ငွေတောင်းခံလွှာ

tray

ဗန်း

knife

ဓါး

fork

ခက်ရင်း

spoon

ဇွန်း

teaspoon

လက်ဖက်ရည်ဇွန်း

serviette

လက်သုတ်ပုဝါ

glass

ရေသောက်ဖန်ခွက်

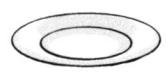

plate
ပန်းကန်ပြား

soup plate
ဟင်းချိုပန်းကန်ပြား

saucer
ပန်းကန်ပြား

sauce
ဆော့စ်

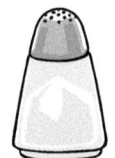

salt shaker
ဆားအိုး

pepper mill
ငရုတ်ကောင်း ချေစက်

vinegar
ရှာလကာရည်

oil
ဆီ

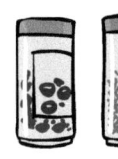

spices
ဟင်းခတ်အမွှေးအကြိုင်

ketchup
ခရမ်းချဉ်သီးဆော့စ်

mustard
မုန်ညင်းဆီဆော့စ်

mayonnaise
မယိုးနိစ်

supermarket
စူပါမားကတ်

special offer
အထူးကမ်းလှမ်းချက်
FOR
customer
ဖောက်သည် သို့မဟုတ် ဈေးဝယ်သူ
dairy products
နို့ထွက်ပစ္စည်း
fruit
သစ်သီး
shopping cart
ထရော်လီလှည်း

BUTCHERS

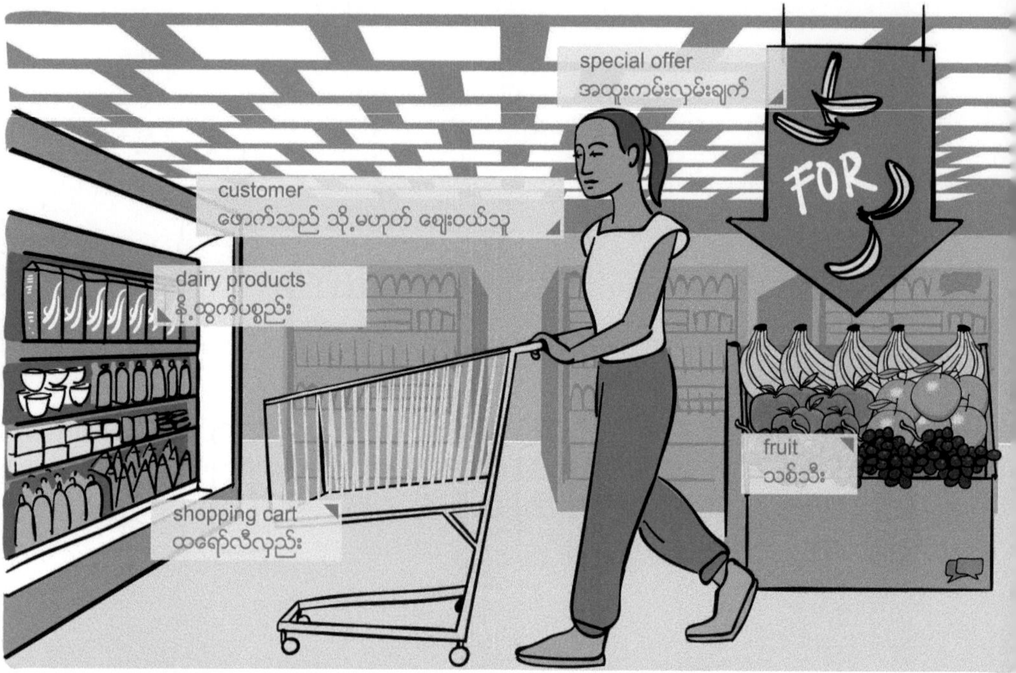

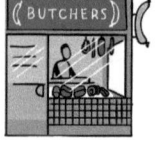

butcher's shop

သားသတ်သမား၏

BAKERY

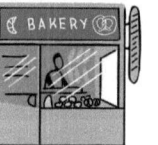

bakery

မုန့်ဖုတ်သမား၏

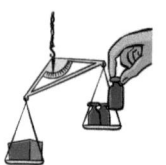

weigh

အလေးချိန်သည်

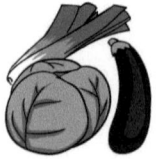

vegetables

ဟင်းသီးဟင်းရွက်

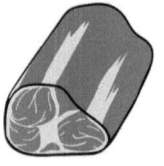

meat

အသား

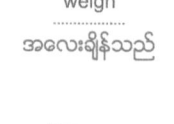

frozen food

အေးခဲထားသည့် အစားအစာ

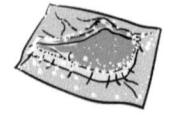

cold cuts

ငံဆင်ထားသော အသားအေး

canned food

သံဗူးသွပ် အစားအစာ

detergent

ဆပ်ပြာမှုန့်

candy

သကြားလုံးများ

household products

အိမ်သုံး ပစ္စည်းများ

cleaning products

သန့်ရှင်းရေး ပစ္စည်းများ

sales representative

ဈေးရောင်းသူ

cash register

အထိ

cashier

ငွေကိုင်

shopping list

ဈေးဝယ်စာရင်း

opening hours

ဖွင့်ချိန်နာရီများ

wallet

အိတ်ဆောင် ပိုက်ဆံအိတ်

credit card

အကြွေးဝယ်ကတ်

bag

အိတ်

plastic bag

ပလတ်စတစ်အိတ်

water

ရေ

juice

သစ်သီးဖျော်ရည်

milk

နွားနို့

coke

ကိုကာကိုလာ

wine

ဝိုင်

beer

ဘီယာ

alcohol

အရက်

cocoa

ကိုကိုးမှုန့်

tea

လက်ဖက်ရည် သို့ မဟုတ်
ရေနွေးကြမ်း

coffee

ကော်ဖီ

espresso

အက်စ်ပရက်ဆို ကော်ဖီ

cappuccino

ကပူချီနီကော်ဖီ

banana

ငှက်ပျောသီး

apple

ပန်းသီး

orange

လိမ္မော်သီး

melon

ဖရဲသီးမျိုးဝင်

lemon

သံပုရိုသီး

carrot

မုန်လာဥနီ

garlic

ကြက်သွန်ဖြူ

bamboo

မျှစ်

onion

ကြက်သွန်နီ

mushroom

မှို

nuts

ပဲစေ့များ

noodles

ခေါက်ဆွဲ

spaghetti

စပါဂတီ ခေါ် အီတလီ ခေါက်ဆွဲ

rice

ထမင်း

salad

ဆလပ်ရွက်သုတ်

fries

အကြွပ်ကြော်များ

fried potatoes

အာလူးကြော်

pizza

ပီဇာ

hamburger

ဟမ်ဘာဂါ

sandwich

အသားညှပ်ပေါင်မုန့်

escalope

ကတ်တလိပ်

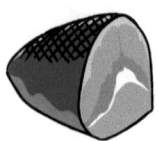

ham

ဝက်ပေါင်ခြောက်

salami

ဆလာမီ

sausage

ဝက်အူချောင်း

chicken

ကြက်သား

roast

ရှို့စ်လုပ်ခြင်း

fish

ငါး

porridge oats

ကွေကာအုတ်

muesli

မျူးစလီ

cornflakes

ပြောင်းစေ့ပြား

flour

ဂျုံမှုန့်

croissant

ခရာဆွန်း ခေါ်
ပြင်သစ်ပေါင်မုန့်တစ်မျိုး

bread roll

ပေါင်မုန့်လိပ်

bread

ပေါင်မုန့်

toast

ပေါင်မုန့်မီးကင်

cookies

ဘီစကစ်

butter

ထောပတ်

curd

ဒိန်ခဲ

cake

ကိတ်မုန့်

egg

ဥ

fried egg

ဥကြော်

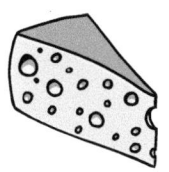

cheese

ချိစ်

ice cream

ရေခဲမုန့်

sugar

သကြား

honey

ပျားရည်

jelly

ယို

nougat cream

ယိုသုတ်စားသည့် ချောကလက်

curry

ဟင်း

farm
လယ်ယာ

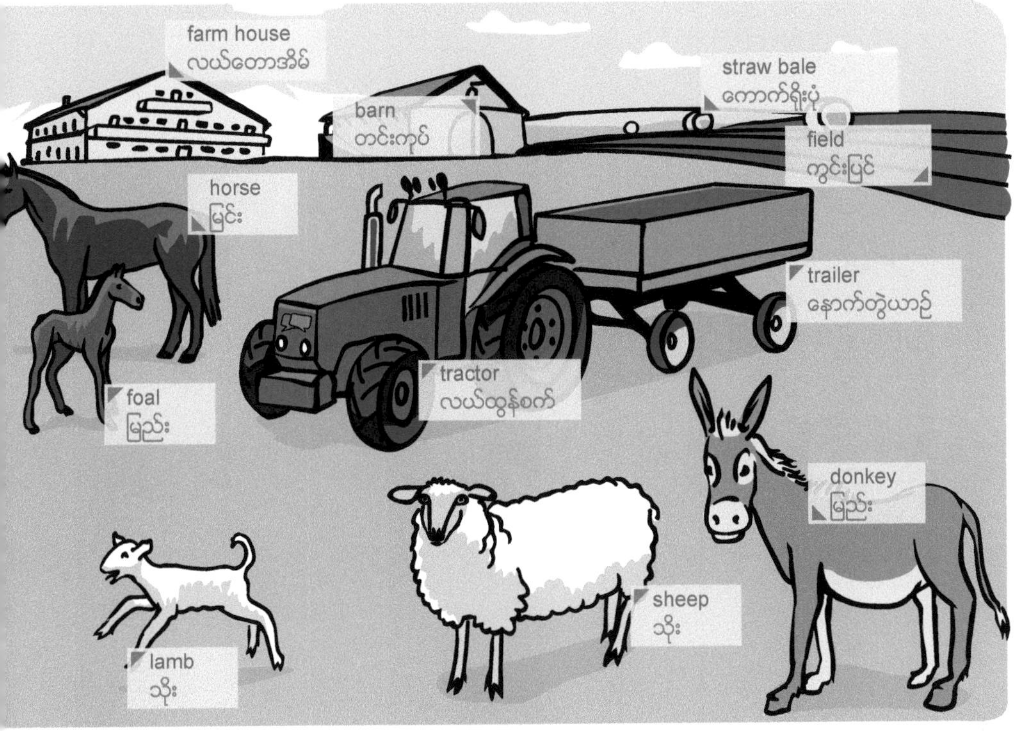
farm house
လယ်တောအိမ်
barn
တင်းကုပ်
straw bale
ကောက်ရိုးပုံ
field
ကွင်းပြင်
horse
မြင်း
trailer
နောက်တွဲယာဉ်
tractor
လယ်ထွန်စက်
foal
မြည်း
donkey
မြည်း
sheep
သိုး
lamb
သိုး

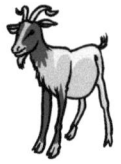

goat

ဆိတ်

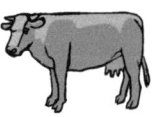

cow

နွားမ

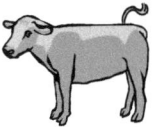

calf

နွားလေး

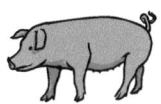

pig

ဝက်

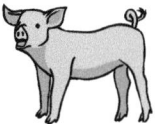

piglet

ဝက်ကလေး

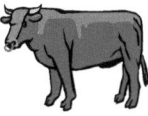

bull

နွားထီး

goose

ဘဲငန်း

duck

ဘဲ

chick

ကြက်ပေါက်ကလေး

hen

ကြက်မ

cockerel

ကြက်ဖ

rat

ကြွက်

cat

ကြောင်

mouse

ကြွက်ကလေး

ox

နွားထီး

dog

ခွေး

dog house

ခွေးအိမ်

garden hose

ပန်းခြံရေပိုက်

watering can

ရေလောင်းသည့်ခွက်

scythe

တံစဉ်အပြားကြီး

plow

ထယ်

sickle

တံစဉ်

hoe

ပေါက်ပြား

pitchfork

ကောက်ဆွ

axe

ပေါက်ချွန်း

pushcart

ဘီးတပ် လက်တွန်းလှည်း

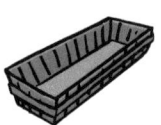

trough

စားခွက်

milk can

နို့ဗူး

sack

အိတ်

fence

ခြံစည်းရိုး

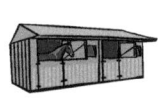

stable

မြင်းဇောင်း

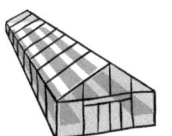

greenhouse

မှန်လုံအိမ်

soil

မြေကြီး

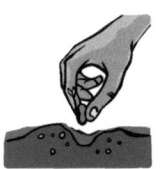

seed

အစေ့

fertilizer

မြေသြဇာ

combine harvester

စုပေါင်း ရိတ်သိမ်းသူ

harvest

ရိတ်သိမ်းသည်

harvest

ရိတ်သိမ်းသည်

yams

ပီလောပီနံ

wheat

ဂျုံ

soya

ꞌပဲပုပ်

potato

အာလူး

corn

ပြောင်း

rapeseed

နံစားပြောင်းဆီ

fruit tree

အသီးပင်

manioc

ပီလောပီနံ

grain

စီရီရယ် ခေါ် နံနက်စာတစ်မျိုး

house
အိမ်

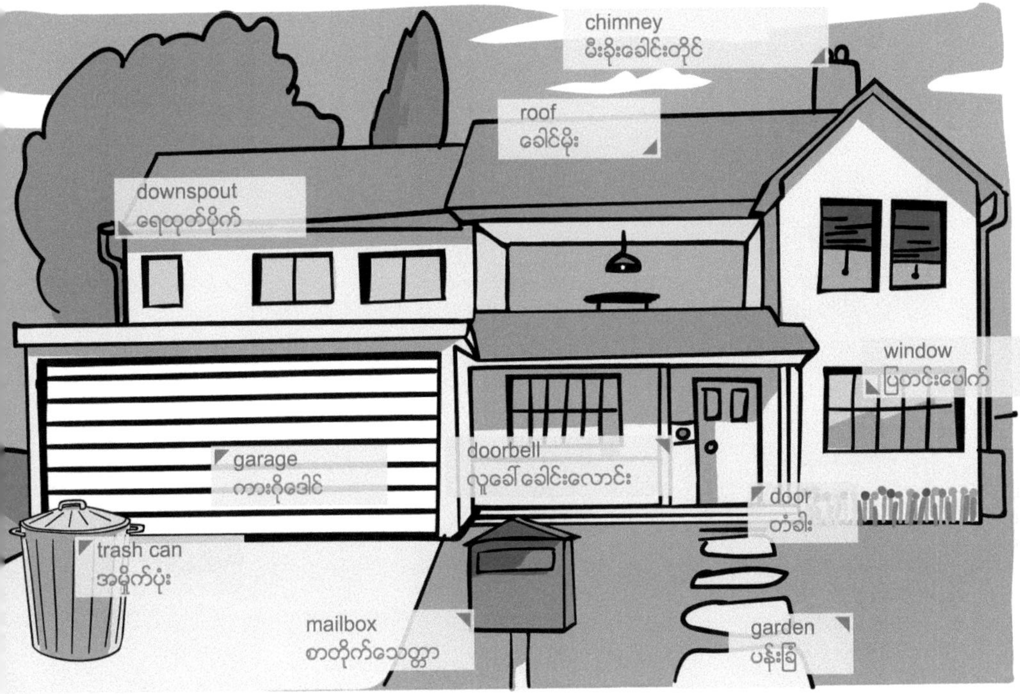

chimney
မီးခိုးခေါင်းတိုင်
roof
ခေါင်မိုး
downspout
ရေထုတ်ပိုက်
window
ပြတင်းပေါက်
garage
ကားဂိုဒေါင်
doorbell
လူခေါ်ခေါင်းလောင်း
door
တံခါး
trash can
အမှိုက်ပုံး
mailbox
စာတိုက်သေတ္တာ
garden
ပန်းခြံ

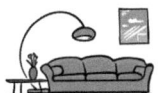

living room

ဧည့်ခန်း

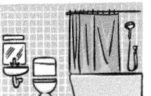

bathroom

ရေချိုးခန်း

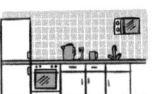

kitchen

မီးဖိုချောင်

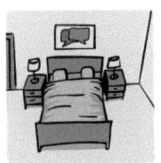

bedroom

အိပ်ခန်း

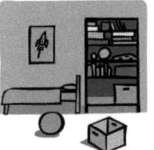

kids room

ကလေး အခန်း

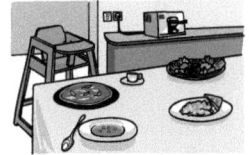

dining room

ထမင်းစားခန်း

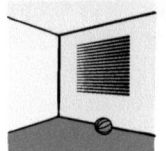

floor

ကြမ်းပြင်

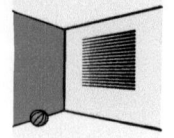

wall

နံရံ

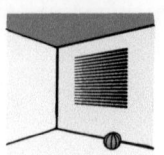

ceiling

မျက်နှာကြက်

cellar

မြေအောက်ခန်း

sauna

ချွေးထုတ်ခန်း

balcony

ဝရန်တာ

terrace

ဝရန်တာ

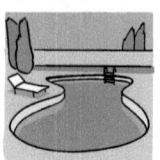

pool

ရေကူးကန်

lawn mower

မြက်ရိတ်စက်

sheet

အချပ်

bedspread

အိပ်ယာခင်း

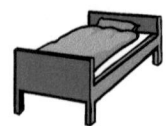

bed

အိပ်ယာ

broom

တံမြက်စည်း

bucket

ရေပုံး

switch

မီးခလုတ်

living room
ဧည့်ခန်း

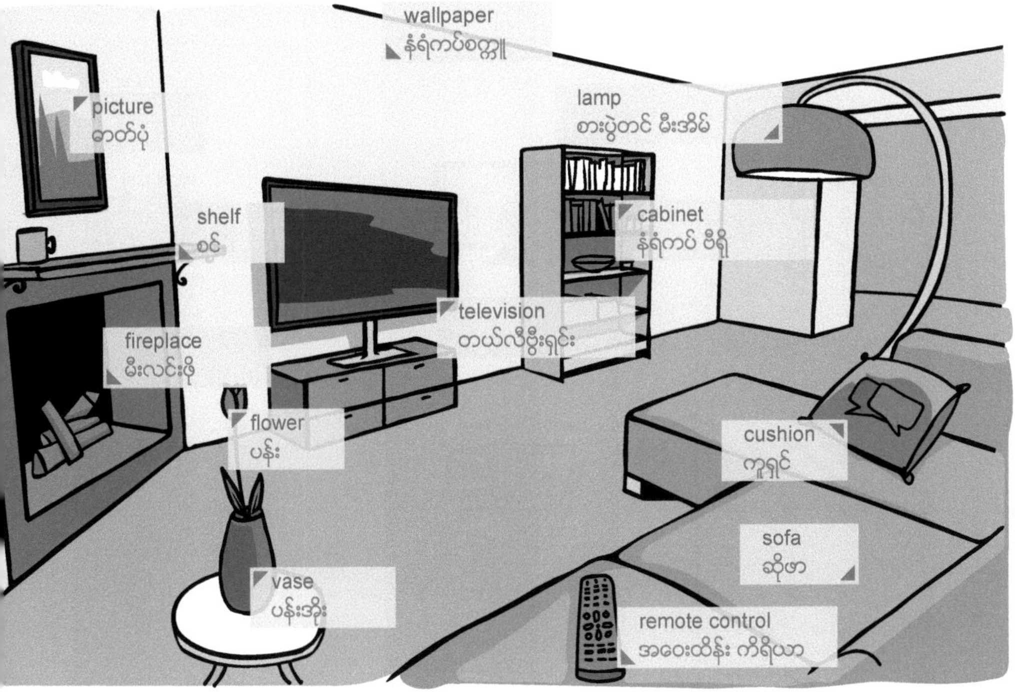

wallpaper
နံရံကပ်စက္ကူ
picture
ဓာတ်ပုံ
lamp
စားပွဲတင် မီးအိမ်
shelf
စင်
cabinet
နံရံကပ် ဗီရို
television
တယ်လီဗွီးရှင်း
fireplace
မီးလင်းဖို
flower
ပန်း
cushion
ကူရှင်
sofa
ဆိုဖာ
vase
ပန်းအိုး
remote control
အဝေးထိန်း ကိရိယာ

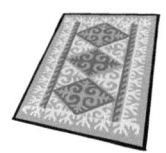

carpet
ကော်ဇော

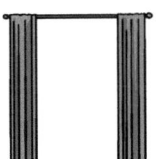

drape
ကန့်လန့်ကာ

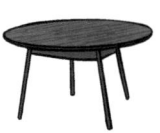

table
စားပွဲခုံ သို့မဟုတ် ဇယား

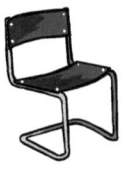

chair
ထိုင်ခုံ

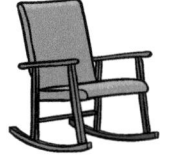

rocking chair
ရှေ့နောက် ယိမ်းနိုင်သည့် ထိုင်ခုံ

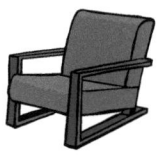

armchair
လက်တင်ထိုင်ခုံ

book

စာအုပ်

blanket

စောင်

decoration

အပြင်အဆင်

firewood

ထင်း

film

ဖလင် သို့မဟုတ် ရုပ်ရှင်

stereo system

ဟိုင်ဖိုင် ကိရိယာ

key

သော့

newspaper

သတင်းစာ

painting

ပန်းချီကား

poster

ပိုစတာ

radio

ရေဒီယို

notebook

မှတ်စုစာရွက်အုပ်

vacuum cleaner

ဖုံစုပ်စက်

cactus

ရှားစောင်းပင်

candle

ဖယောင်းတိုင်

kitchen
မီးဖိုချောင်

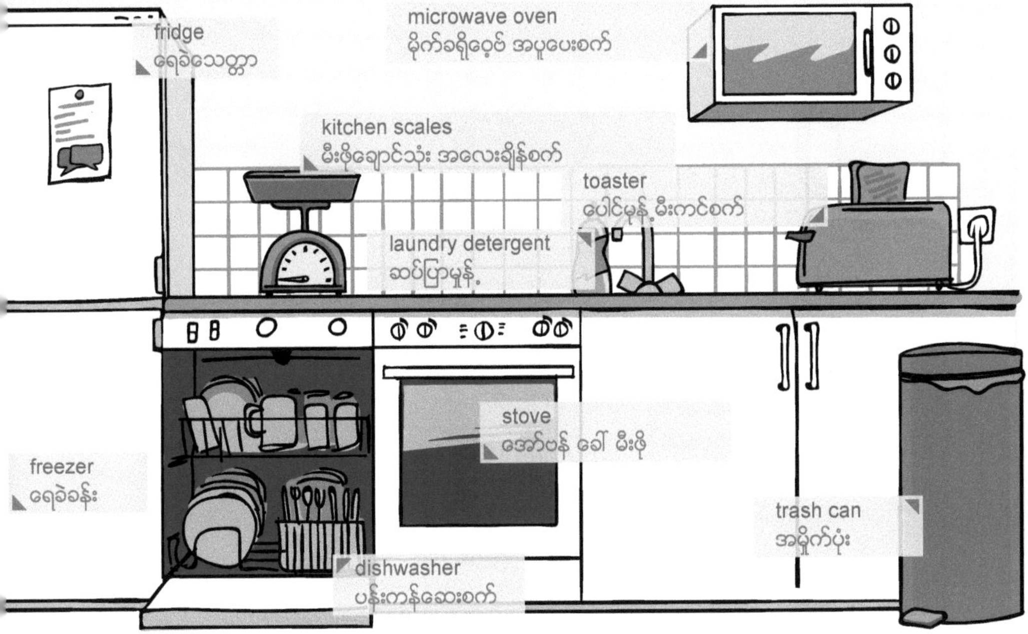
fridge
ရေခဲသေတ္တာ
microwave oven
မိုက်ခရိုဝေ့ဗ် အပူပေးစက်
kitchen scales
မီးဖိုချောင်သုံး အလေးချိန်စက်
toaster
ပေါင်မုန့် မီးကင်စက်
laundry detergent
ဆပ်ပြာမှုန့်
stove
အော်ပန် ခေါ် မီးဖို
freezer
ရေခဲခန်း
trash can
အမှိုက်ပုံး
dishwasher
ပန်းကန်ဆေးစက်

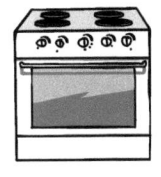

cooker
လျှပ်စစ် ချက်ပြုတ်အိုး

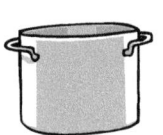

pot
အိုး

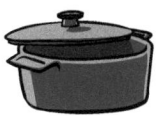

cast-iron pot
သံအိုးကြီး

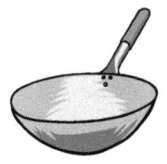

wok / kadai
မွှေကြော်သည့် ဒယ်အိုးကြီး / ကာဒိုင်း

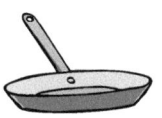

pan
ဒယ်အိုး

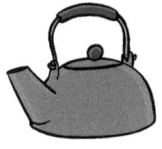

kettle
ရေနွေးတည်သည့်အိုး

steamer

ပေါင်းစက်

baking tray

မုန့်ဖွတ်သည့် ပန်း

crockery

ကြွေပန်းကန်ပြား ခွက်ယောက်

mug

မတ်ခွက်

bowl

ဇလုံပန်းကန်

chopsticks

အစားစားသည့်တူများ

ladle

ယောက်ချို

spatula

မွှေသည့်အတံ

whisk

ခေါက်တံ

strainer

စစ်သည့် အရာ

sieve

စကာ

grater

ခြစ်သည့်ကိရိယာ

mortar

ကြိုပ်ဆုံ

barbecue

ဘာဘီကျူးကင်

fireplace

ထင်းမီးဖို

chopping board

စင်းနီးတုံး

rolling pin

လည်နေသောပင်

corkscrew

ဖော့ဆို့

can

သံပူး

can opener

သံပူးဖောက်တံ

oven cloth

အိုးတင်သည့်အရာ

sink

ရေဆေးသည့် နေရာ

brush

စုပ်တံ

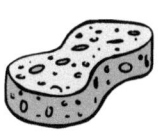

sponge

ရေမြှုပ်

blender

မွှေသည့်စက်

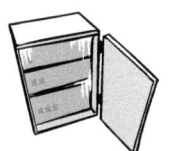

deep freezer

အေးခဲသည့် ရေခဲခန်း

baby bottle

ကလေးနို့ပူး

tap

ရေပိုက်ခေါင်း

bathroom
ရေချိုးခန်း

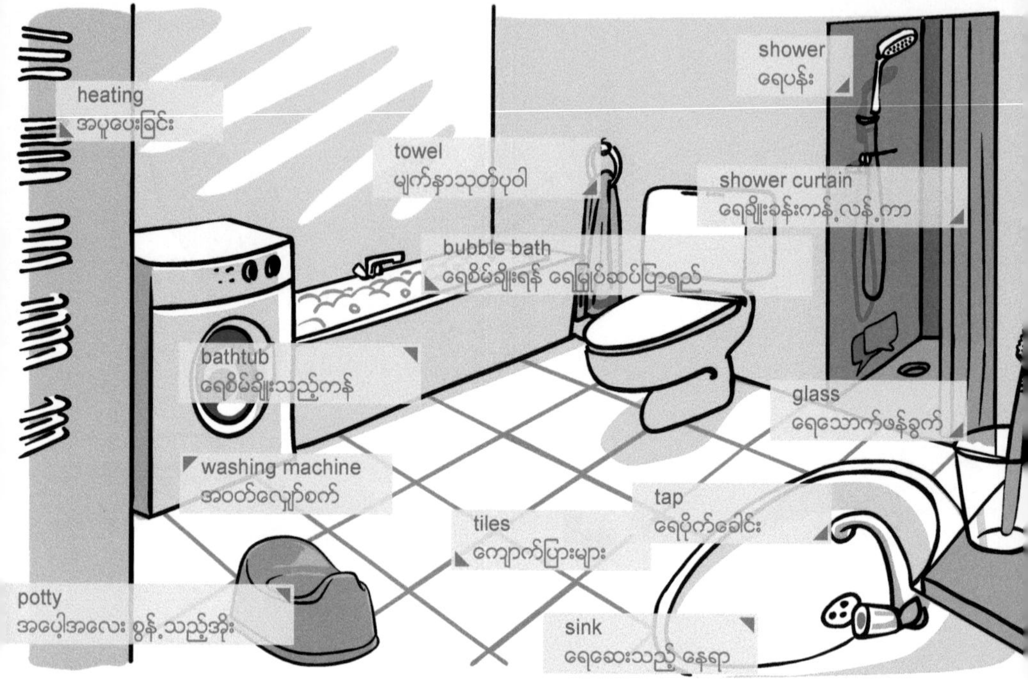

heating / အပူပေးခြင်း

shower / ရေပန်း

towel / မျက်နှာသုတ်ပုဝါ

shower curtain / ရေချိုးခန်းကန့်လန့်ကာ

bubble bath / ရေစိမ်ချိုးရန် ရေမြှုပ်ဆပ်ပြာရည်

bathtub / ရေစိမ်ချိုးသည့်ကန်

glass / ရေသောက်ဖန်ခွက်

washing machine / အဝတ်လျှော်စက်

tap / ရေပိုက်ခေါင်း

tiles / ကျောက်ပြားများ

potty / အပေါ့အလေး စွန့်သည့်အိုး

sink / ရေဆေးသည့် နေရာ

toilet
....
အိမ်သာ

squat toilet
....
ဆောင့်ကြောင့်ထိုင်ရသည့်
အိမ်သာ

bidet
....
အမျိုးသမီးသုံး
အောက်ပိုင်းဆေးသည့် ကမုတ်

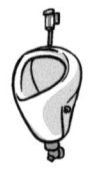

urinal
....
အမျိုးသား ဆီးသွားသည့်ကမုတ်

toilet paper
....
အိမ်သာသုံး စက္ကူ

toilet brush
....
အိမ်သာတိုက် ဘရပ်ရှ်

toothbrush
သွားတိုက်တံ

toothpaste
သွားတိုက်ဆေး

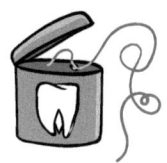

dental floss
သွား ချေးထုတ်သည့် ကြိုး

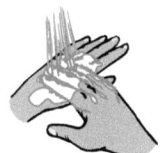

wash
ဆေးကြောသည်

hand shower
လက်ကိုင် ရေပန်း

douche
ရေပန်းဖြင့်ရေချိုးခြင်း

basin
ရေအင်တုံ

back brush
နောက်ကျော ချေးတွန်းသည့်
ဘရပ်ရှ်

soap
ဆပ်ပြာ

shower gel
ရေချိုးဆပ်ပြာရည်

shampoo
ခေါင်းလျှော်ရည်

flannel
ဖလန်နယ်စ

drain
ရေထွက်ပေါက်

creme
ခရင်မ်

deodorant
ဒီအော်ဒရန့် ခေါ်
ကိုယ်လိမ်းအမွှေးနံ့ သာ

mirror

မှန်

hand mirror

လက်ကိုင်မှန်

razor

မုတ်ဆိတ်ရိတ်တံ

shaving foam

မုတ်ဆိတ်ရိတ်ရန် အမြှုပ်

aftershave

မုတ်ဆိတ်ရိတ်ပြီး
လိမ်းသည့်အမွှေးနံ့သာ

comb

ခေါင်းဘီး

brush

ဘရပ်ရှ်

hair-dryer

ဆံပင်ခြောက်စက်

hairspray

ဆံပင်ဖြန်းဆေး

makeup

မိတ်ကပ်

lipstick

နှုတ်ခမ်းဆိုးဆေး

nail varnish

လက်သည်းဆိုးဆေး

cotton wool

ဂွမ်းလုံး

nail scissors

လက်သည်းညှပ် ကပ်ကြေး

perfume

ရေမွှေး

washbag

ရေချိုးခန်းသုံး အိတ်

stool

ခွေးခြေ

weighing scales

ကိုယ်အလေးချိန်တိုင်းသည့်စက်

bathrobe

ရေချိုးပြီး ဝတ်သည့်ဝတ်ရုံ

rubber gloves

ရာဘာ လက်အိတ်များ

tampon

တန်ပွန် ခေါ် ဓမ္မတာလာစဉ် မိန်း
မကိုယ်တွင်းထည့်သည့်အရာ

sanitary towel

အမျိုးသမီး လစဉ်သုံးပုဝါစ

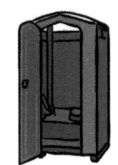

chemical toilet

ဓာတုပစ္စည်းထည့်သုံးသည့်
အိမ်သာ

kids room
ကလေး အခန်း

alarm clock
နှိုးစက်
cuddly toy
ဖက်အိပ်သည့်အရုပ်
toy car
အရုပ်ကား
rattle
ခလောက်
doll's house
အရုပ်မအိမ်
present
လက်ဆောင်

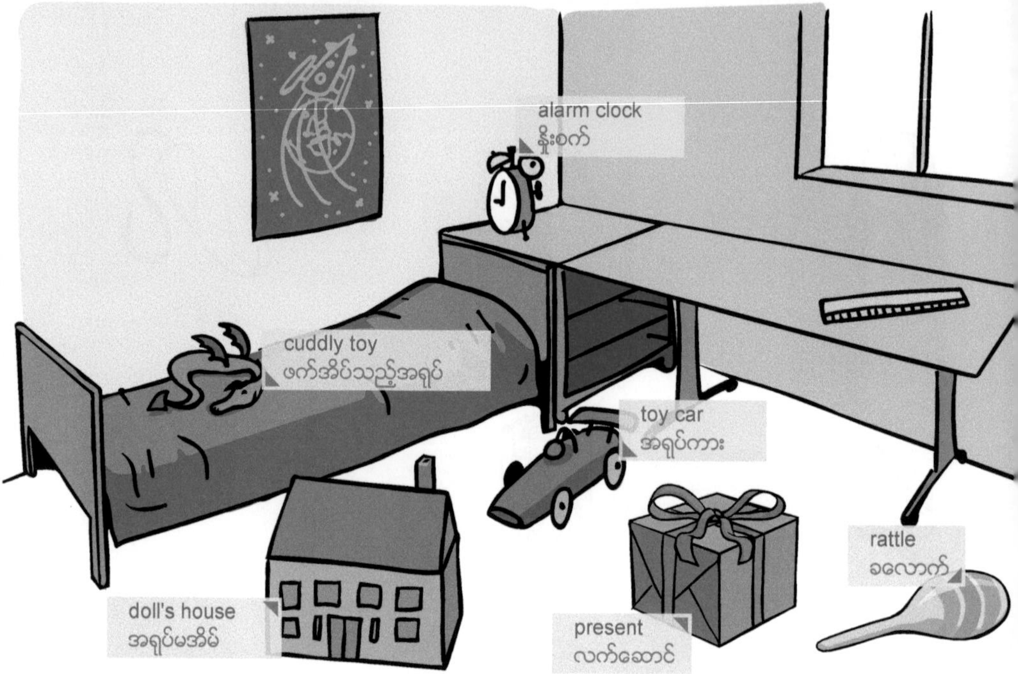

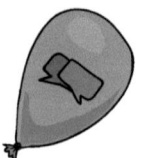

balloon
ပူဖောင်း

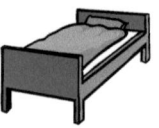

bed
အိပ်ယာ

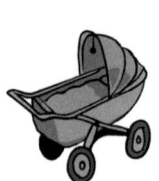

stroller
ကလေးတွန်းလှည်း

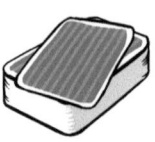

deck of cards
ကစားသည့်ကတ်ထုပ်

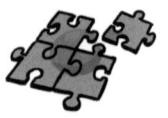

jigsaw
ဂျစ်ဆော ခေါ်
ဆက်၍ကစားသည့်
အပိုင်းအစများ

comic
ရုပ်ပြစာအုပ်

lego bricks

ဆောက်၍ကစားသည့် လေဂို အတုံးများ

toy blocks

ဆောက်၍ကစားသည့် အတုံးများ

action figure

လှုပ်ရှားလှုပ်ကိုင်သူ

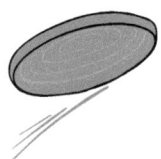

romper suit

ဘေဘီဂရိုး

frisbee

ဖရစ်ဘီး ခေါ် ပစ်၍ ကစားသည့် အပြား

mobile

ရွှေ့လျားနိုင်သော

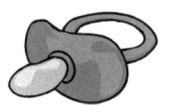

board game

ဘုတ်ပြားပေါ် တွင် ကစားနည်း

dice

အံစာတုံး

model train set

ကစားစရာ ရထား အစုံမော်ဒယ်

pacifier

အရုပ်

party

ပါတီ

picture book

ရုပ်ပြစာအုပ်

ball

ဘောလုံး

doll

အရုပ်မ

play

ကစားသည်

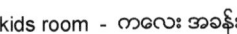

sandpit

ကစားသည့် သဲပုံး

swing

ဒန်း

toys

အရုပ်များ

video game console

ဗွီဒီယိုဂိမ်းကစားသည့် စက်

tricycle

သုံးဘီး စက်ဘီး

teddy bear

တက်ဒီ ဝက်ဝံရုပ်

wardrobe

အဝတ်ဗီရို

clothing
အဝတ်အစား

socks

ခြေအိတ်များ

stockings

အမျိုးသမီးဝတ် ခြေအိတ်ရှည်

tights

အမျိုးသမီး ခြေအိတ်အကြပ်

scarf
ပုဝါ

umbrella
ထီး

belt
ခါးပတ်

t-shirt
တီရှပ်

boots
ဘွတ်ဖိနပ်များ

slippers
ခြေညှပ်ဖိနပ်များ

sneakers
အားကစားဖိနပ်များ

sandals
ခြေစွပ် နောက်ပိတ်ဖိနပ်

shoes
ရှူးဖိနပ်များ

rubber boots
ရာဘာ ဘွတ်ဖိနပ်များ

underwear
အောက်ခံ အဝတ်များ

bra
ဘရာဇီယာ

undershirt
အပေါ်ထပ် လက်ပြတ်အကျီ

body

ကိုယ်ခန္ဓာ

pants

ဘောင်းဘီရှည်

jeans

ဂျင်းဘောင်းဘီ

skirt

စကပ်

blouse

ဘလောက်စ်အကျႌ

shirt

ရှပ်အကျႌ

pullover

ခေါင်းစွပ်အကျႌ

sweater

ခေါင်းစွပ်ပါ အကျႌ

blazer

ဘလေဇာကုတ်အကျႌ

jacket

ဂျက်ကတ်အကျႌ

coat

ကုတ်အကျႌ

raincoat

မိုးကာ ကုတ်အကျႌ

costume

ဝတ်စုံ

dress

ဂါဝန်

wedding dress

လက်ထပ် ဝတ်စုံ

suit

အနောက်တိုင်းဝတ်စုံပြည့်

nightgown

ညအိပ်အင်္ကျီ

pajamas

ညအိတ်ဝတ်စုံ

sari

ဆာရီ

headscarf

ခေါင်းအုပ်ပုဝါ

turban

တာဘန် ခေါ် ခေါင်းပေါင်း

burka

ဘာကာခေါ်
အမျိုးသမီးခေါင်းအုပ်

kaftan

ကာ့ဖ်တန် ခေါ်
အမျိုးသားဝတ်ဘောင်းဘီ

abaya

အဘယာ ခေါ် မွတ်ဆလင်
အမျိုးသမီးဝတ်အင်္ကျီ

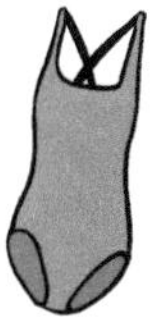

swimsuit

ရေကူးဝတ်စုံ

trunks

အဝတ်သေတ္တာ

shorts

ဘောင်းဘီတို

tracksuit

အားကစားဝတ်စုံ

apron

ခါးစည်း အဝတ်

gloves

လက်အိတ်များ

button

ကြယ်သီး

glasses

မျက်မှန်

bracelet

လက်ကောက်

necklace

လည်ဆွဲ

ring

လက်စွပ်

earring

နားကပ်

cap

ခေါင်းဆောင်း ဦးထုပ်

coat hanger

ကုတ်အကျႌ ချိတ်

hat

ဦးထုပ်

tie

နက်တိုင်

zip

ဇစ်

helmet

ဟဲလ်မက်ခေါ် ခေါင်းဆောင်း

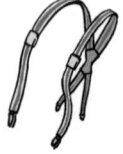

braces

သွားထိန်းများ

school uniform

ကျောင်းဝတ်စုံ

uniform

ယူနီဖောင်းဝတ်စုံ

bib
....
သွားရည်ခံ

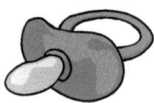

pacifier
....
အရုပ်

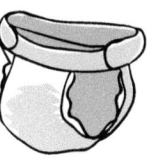

diaper
....
ကလေးအနှီး

office
ရုံးခန်း

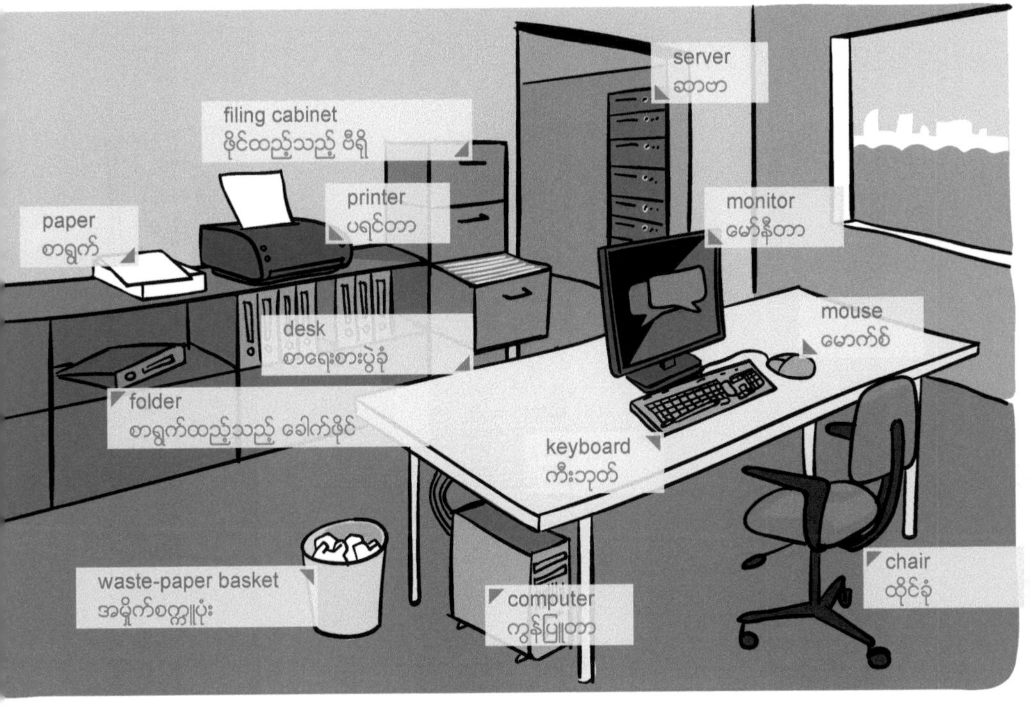

server
ဆာဗာ

filing cabinet
ဖိုင်ထည့်သည့် ဗီရို

printer
ပရင်တာ

monitor
မော်နီတာ

paper
စာရွက်

mouse
မောက်စ်

desk
စာရေးစားပွဲခုံ

folder
စာရွက်ထည့်သည့် ခေါက်ဖိုင်

keyboard
ကီးဘုတ်

chair
ထိုင်ခုံ

waste-paper basket
အမှိုက်စက္ကူပုံး

computer
ကွန်ပျူတာ

coffee mug
....
ကော်ဖီ မတ်ခွက်

calculator
....
ဂဏန်းတွက်စက်

internet
....
အင်တာနက်

laptop

ပေါင်ပေါ် တင်ရှိက်နိုင်သည့် ကွန်ပြူတာ

letter

စာ

message

မက်ဆေ့ချ်

cell phone

မိုဘိုင်းဖုန်း

network

ကွန်ရက်

photocopier

မိတ္တူကူးစက်

software

ဆော့ဖ်ဝဲရ်

telephone

တယ်လီဖုန်း

plug socket

ပလပ်ပေါက်

fax machine

ဖက်စ်ပို့ သည့် စက်

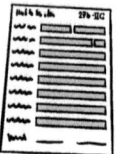

form

ပုံစံ

document

စာရွက်စာတမ်း

buy

ဝယ်ယူသည်

pay

ပေးအပ်သည်

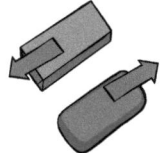

trade

ကုန်သွယ်သည်

money

ပိုက်ဆံ

dollar

ဒေါ်လာ

euro

ယူရိုငွေ

yen

ယန်းငွေ

rouble

ရူဘယ်ငွေ

Swiss franc

ဆွစ်ဇာလန်နိုင်ငံသုံးငွေ

renminbi yuan

ရမ်မင်ဘီ ယွမ်

rupee

ရူပီး

cash point

ငွေချေသည့်နေရာ

currency exchange office

ငွေလဲ့ဌာန

gold

ရွှေ

silver

ငွေ

oil

ဆီ

energy

စွမ်းအင်

price

ဈေးနှုန်း

contract

စာချုပ်

tax

အခွန်

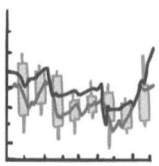

stock

စတော့ဈေးကွက်

work

အလုပ်လုပ်သည်

employee

ဝန်ထမ်း

employer

အလုပ်ရှင်

factory

စက်ရုံ

shop

ဆိုင်

occupations
အလုပ်အကိုင်များ

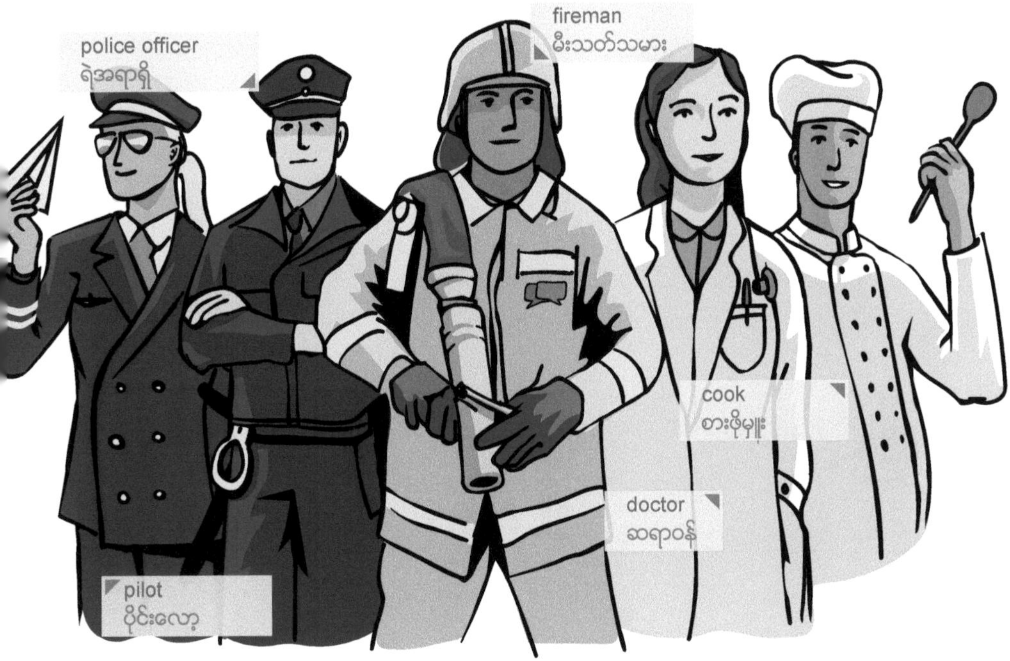
fireman
မီးသတ်သမား
police officer
ရဲအရာရှိ
cook
စားဖိုမှူး
doctor
ဆရာဝန်
pilot
ပိုင်းလော့

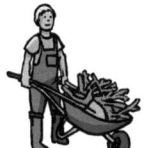

gardener
မာလီ

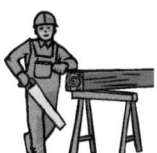

carpenter
လက်သမား

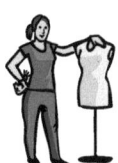

seamstress
စက်ချုပ်သူ

judge
တရားသူကြီး

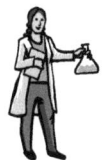

chemist
ဓာတုဗေဒပညာရှင်

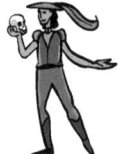

actor
သရုပ်ဆောင်

bus driver

ဘတ်စ်ကားမောင်းသမား

taxi driver

တက်စီမောင်းသူ

fisherman

ငါးဖမ်းသမား

cleaning lady

သန့်ရှင်းရေး အလုပ်သမ

roofer

အမိုးပြင်သူ

waiter

စားပွဲထိုး

hunter

အမဲလိုက်မုဆိုး

painter

ဆေးသုတ်သမား သို့မဟုတ်
ပန်းချီဆရာ

baker

မုန့်ဖုတ်သမား

electrician

လျှပ်စစ်ပညာရှင်

builder

ဆောက်လုပ်ရေးသမား

engineer

အင်ဂျင်နီယာ

butcher

သားသတ်သမား

plumber

ပိုက်ဆက်ဆရာ

postman

စာပို့သမား

soldier

စစ်သား

architect

ဗိသုကာပညာရှင်

cashier

ငွေကိုင်

florist

ပန်းပညာရှင်

hairdresser

ဆံပင်အလှပြင်သူ

conductor

လက်မှတ်စစ်

mechanic

စက်ပြင်ဆရာ

captain

ကပ္ပတိန်

dentist

သွားဘက်ဆိုင်ရာ ဆရာဝန်

scientist

သိပ္ပံပညာရှင်

rabbi

ရာဘိုင်

imam

မွတ်ဆလင် တရားဟောဆရာ

monk

ဘုန်းကြီး

pastor

တရားဟောဆရာ

tools
ကိရိယာ တန်ဆာပလာများ

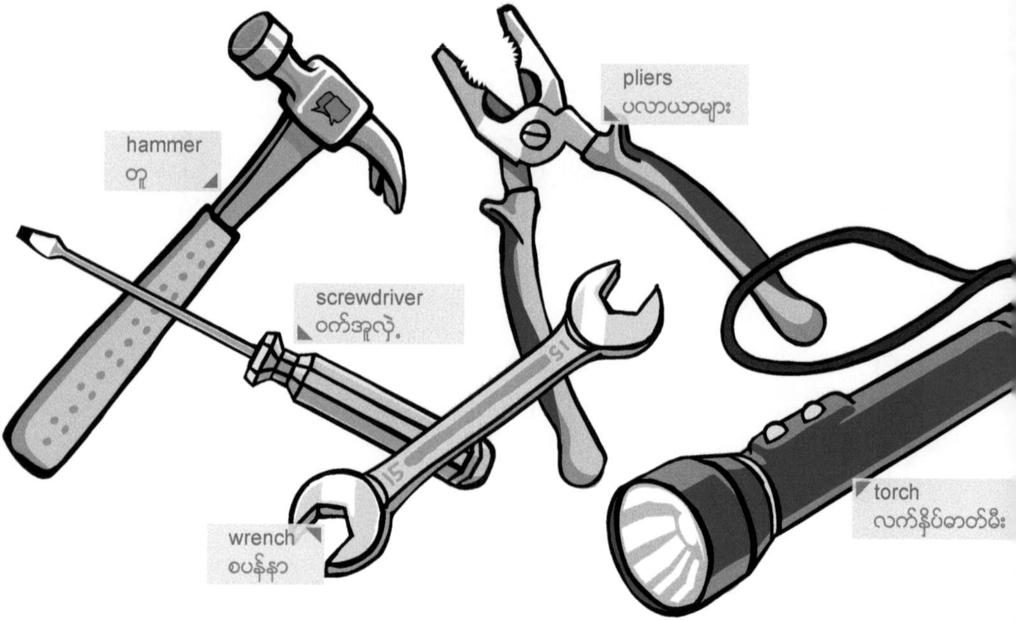
hammer
တူ
pliers
ပလာယာများ
screwdriver
ဝက်အူလှဲ့
wrench
စပန်နာ
torch
လက်နှိပ်ဓာတ်မီး

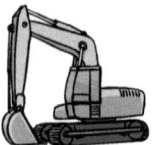

excavator

မြေတူးစက်

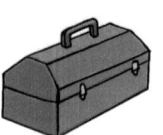

toolbox

လက်သမားသုံးကိရိယာ
သေတ္တာ

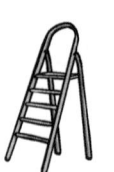

ladder

လှေကား

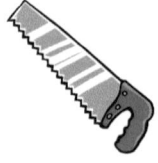

saw

လွှ

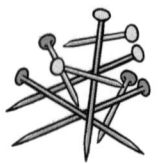

nails

လက်သည်းများ

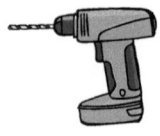

drill

အပေါက်ဖောက်စက်

repair
ပြင်ဆင်သည်

shovel
ဂေါ်ပြား

Damn!
ချီးတုံ့မှပဲ

dustpan
ဖုန်ကျုံးသည့် ဂေါ်ပြား

paint can
ဆေးရောင်အိုး

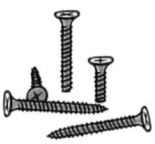

screws
ဝက်အူများ

musical instruments
ဂီတတူရိယာများ

loud speaker
အသံချဲ့စက်

drum set
ဒရမ် အစုံ

guitar
ဂီတာ

double bass
နှစ်ထပ် ဘော့စ်ဂီတာ

trumpet
တံပိုး တူရိယာ

piano

စန္ဒယား

violin

တယော

bass

ဘော့စ်ဂီတာ

timpani

နားစည်အမြှေးပါး

drums

ဒရမ်များ

keyboard

ကီးဘုတ် တူရိယာ

saxophone

ဆက်ဆိုဖုန်း ခေါ်
လေမှုတ်တူရိယာ

flute

ပုလွေ

microphone

စကားပြောစက်

tiger
ကျား

entrance
ဝင်ပေါက်

cage
လှောင်အိမ်

zebra
မြင်းကျား

animal feed
တိရစ္ဆာန် အစားအစာ

panda
ပင်ဒါ ဝက်ဝံ

animals
တိရစ္ဆာန်များ

elephant
ဆင်

kangaroo
သားပိုက်ကောင်

rhino
ကြံ့

gorilla
ဂေါ်ရီလာမျောက်

bear
ဝက်ဝံ

camel

ကုလားအုတ်

ostrich

ငှက်ကုလားအုတ်

lion

ခြင်္သေ့

monkey

မျောက်

flamingo

ဖလန်မင်းဂိုးငှက်

parrot

ကြက်တူရွေး

polar bear

ပိုလာဝက်ဝံ

penguin

ပင်ဂွင်းငှက်

shark

ငါးမန်း

peacock

ဥဒေါင်းငှက်

snake

မြွေ

crocodile

မိကျောင်း

zookeeper

တိရိစ္ဆာန်ရုံ ထိန်းသိမ်းသူ

seal

ဖျံ

jaguar

ကျားသစ်

pony
ပိုနီမြင်း

leopard
ကျားသစ်

hippo
ရေမြင်း

giraffe
သစ်ကုလားအုတ်

eagle
သိန်းငှက်

boar
တောဝက်

fish
ငါး

turtle
လိပ်

walrus
ပင်လယ်ဖျံကြီး

fox
မြေခွေး

gazelle
ဦးချိုပါ သမင်ညိုတစ်မျိုး

အားကစားများ

American football
အမေရိကန် ဖွတ်သော

cycling
စက်ဘီးစီးခြင်း

tennis
တင်းနစ်ရိုက်ခြင်း

basketball
ဘတ်စကက်ဘော ?

swimming
ရေကူးခြင်း

boxing
လက်ဝှေ့

ice hockey
ရေခဲပြင် ဟော်ကီ

soccer
ဘောလုံးကန်ခြင်း

badminton
ကြက်တောင်ရိုက်ခြင်း

athletics
ကိုယ်လက်လှုပ်ရှား
အားကစားများ

handball
ဟန်းဒ်ဘော ခေါ် လက်ပစ်ဘော

skiing
နှင်းလျှောစီးခြင်း

polo
ပိုလို

laugh
ရယ်မောသည်

jump
ခုန်သည်

hug
ပွေ့ဖက်သည်

walk
လမ်းလျှောက်သည်

sing
သီချင်းဆိုသည်

dream
အိပ်မက်သည်

pray
ဆုတောင်းသည်

kiss
နမ်းရှုပ်သည်

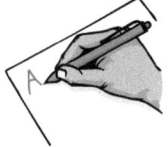

write
စာရေးသည်

draw
ရေးဆွဲသည်

show
ပြသသည်

push
တွန်းသည်

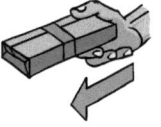

give
ပေးသည်

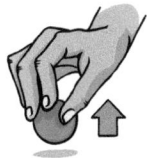

take
ယူသည်

have

ရှိသည်

do

ပြုလုပ်သည်

be

ဖြစ်သည်

stand

မတ်တပ်ရပ်သည်

run

ပြေးသည်

pull

ဆွဲသည်

throw

ပစ်သည်

fall

လဲကျသည်

lie

လိမ်လည်သည်

wait

စောင့်ဆိုင်းသည်

carry

သယ်ဆောင်သည်

sit

ထိုင်သည်

get dressed

အဝတ်အစားဝတ်သည်

sleep

အိပ်သည်

wake up

အိပ်ယာမှ ထသည်

look at

တစ်ခုခုကို ကြည့်ရှုသည်

cry

ငိုသည်

stroke

ပွတ်သပ်သည်

comb

ဘီးဖီးသည်

talk

စကားပြောသည်

understand

နားလည်သည်

ask

မေးသည်

listen

နားထောင်သည်

drink

သောက်သည်

eat

စားသည်

tidy up

သပ်ရပ်အောင်လုပ်သည်

love

ချစ်သည်

cook

ချက်ပြုတ်သည်

drive

မောင်းသည်

fly

ပျံသန်းသည်

activities - လုပ်ရှားမှုများ

sail

ရွက်လွှင့်သည်

calculate

တွက်ပါ

read

ဖတ်သည်

learn

သင်ယူသည်

work

အလုပ်လုပ်သည်

marry

လက်ထပ်သည်

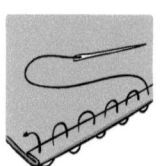

sew

အပ်ချုပ်သည်

brush teeth

သွားတိုက်သည်

kill

သတ်သည်

smoke

ဆေးလိပ်သောက်သည်

send

ပို့သည်

grandmother
အဖွား

grandfather
အဖိုး

father
ဖခင်

mother
မိခင်

baby
ကလေး

daughter
သမီး

son
သား

guest
ဧည့်သည်

aunt
အဒေါ်

uncle
ဦးလေး

brother
အစ်ကို

sister
အစ်မ

body
ကိုယ်ခန္ဓာ

forehead
နဖူး
eye
မျက်လုံး
shoulder
ပုခုံး
finger
လက်ချောင်း
face
မျက်နှာ
chin
မေးစေ့
hand
လက်
leg
ခြေသလုံး
breast
ရင်သား
arm
လက်မောင်း

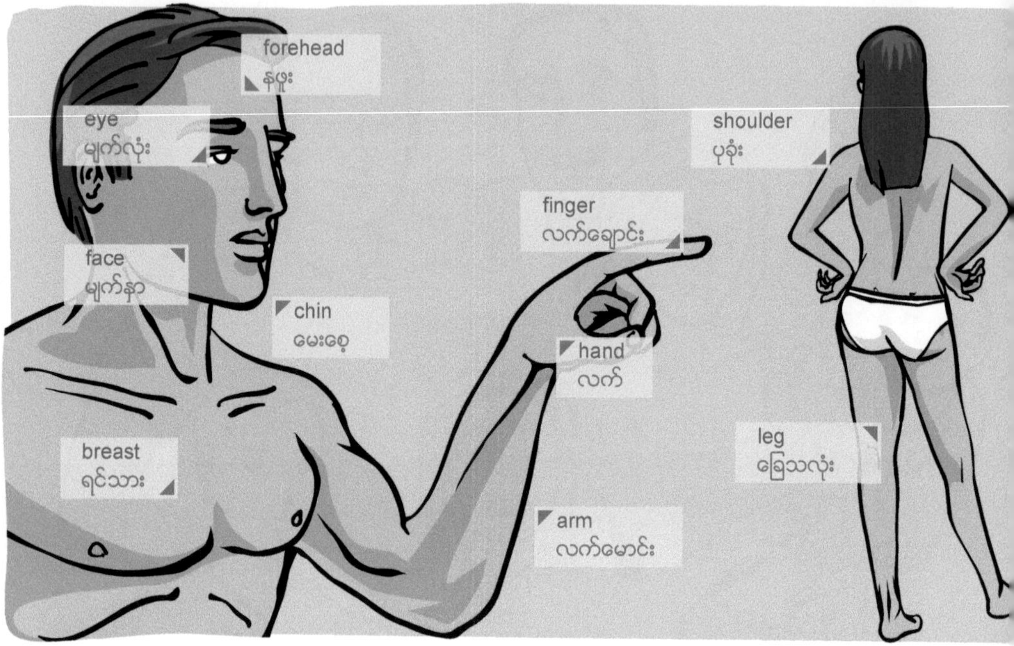

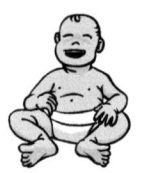

baby
ကလေး

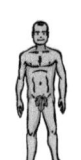

man
ယောက်ျားကြီး

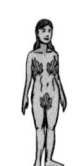

woman
အမျိုးသမီးကြီး

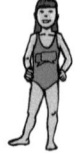

girl
မိန်းကလေး

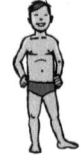

boy
ယောက်ျားလေး

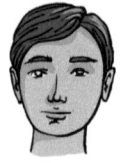

head
ဦးခေါင်း

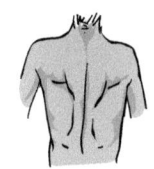

back

နောက်ကျော

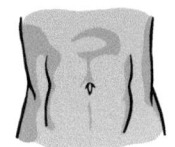

belly

ဗိုက်

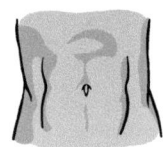

navel

ချက်

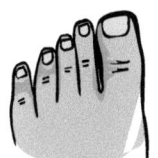

toe

ခြေချောင်း

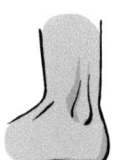

heel

ဖနောင့်

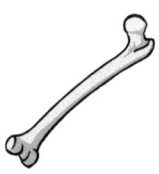

bone

အရိုး

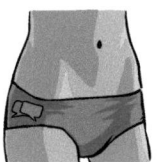

hip

တင်ရိုး

knee

ဒူးခေါင်း

elbow

တံတောင်ဆစ်

nose

နာခေါင်း

buttocks

တင်ပါး

skin

အရေပြား

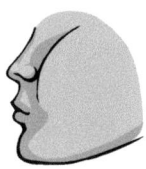

cheek

ပါးပြင်

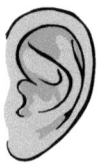

ear

နား

lip

နှုတ်ခမ်း

mouth

ပါးစပ်

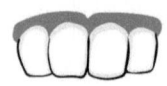

tooth

သွား

tongue

လျှာ

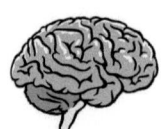

brain

ဦးနှောက်

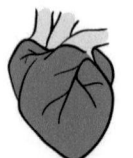

heart

နှလုံး

muscle

ကြွက်သား

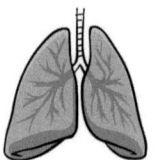

lung

အဆုတ်

liver

အသည်း

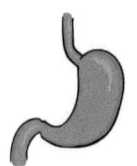

stomach

အစာအိမ်

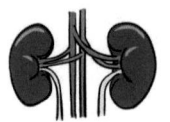

kidneys

ကျောက်ကပ်များ

sex

လိင်

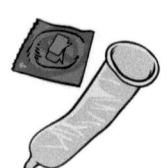

condom

ကွန်ဒုံး

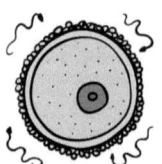

ovum

သားဥ

semen

သုတ်ရည်

pregnancy

ကိုယ်ဝန်

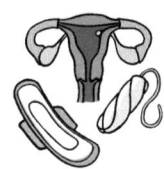

menstruation

ဓမ္မတာလာခြင်း

vagina

မိန်းမကိုယ်

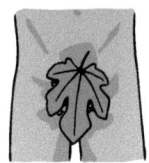

penis

လိင်တံ

eyebrow

မျက်ခုံး

hair

ဆံပင်

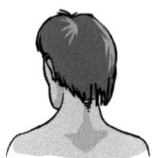

neck

လည်ပင်း

body - ကိုယ်ခန္ဓာ

hospital
ဆေးရုံ

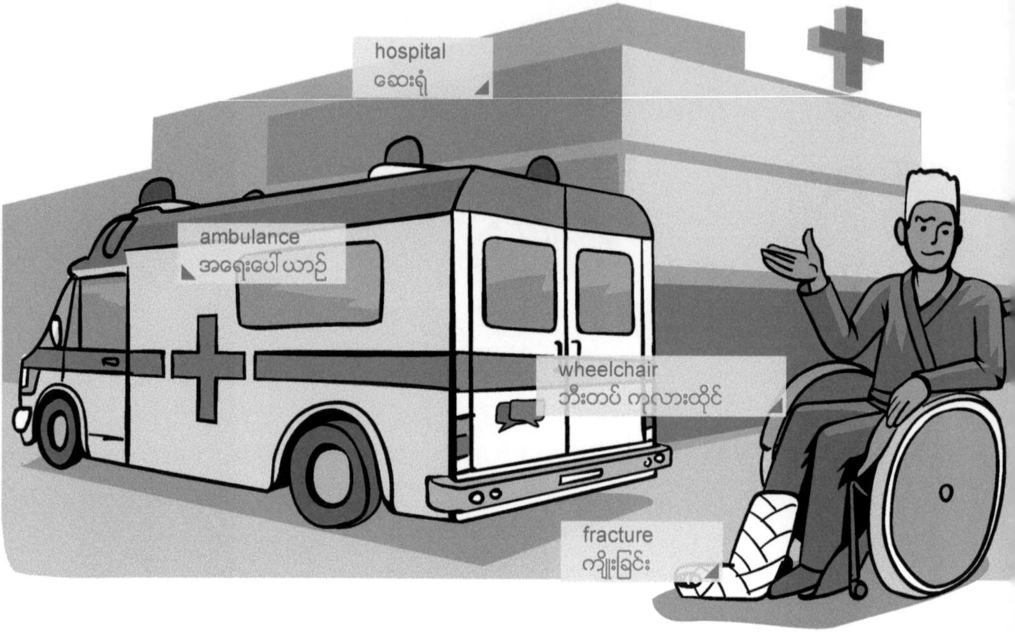
hospital
ဆေးရုံ
ambulance
အရေးပေါ်ယာဉ်
wheelchair
ဘီးတပ် ကုလားထိုင်
fracture
ကျိုးခြင်း

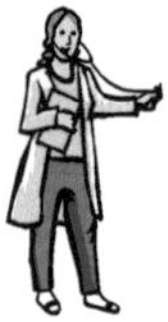
doctor
ဆရာဝန်

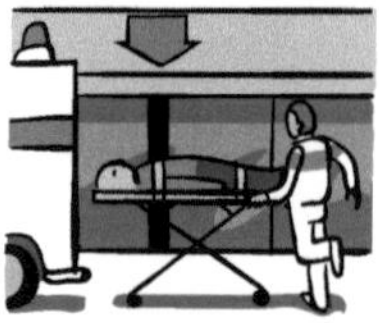
emergency room
အရေးပေါ် ဆေးကုသခန်း

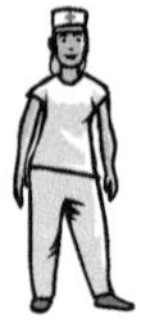
nurse
သူနာပြု

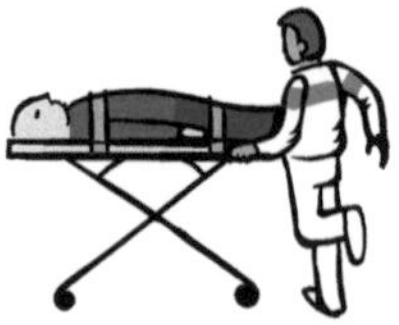
emergency
အရေးပေါ်

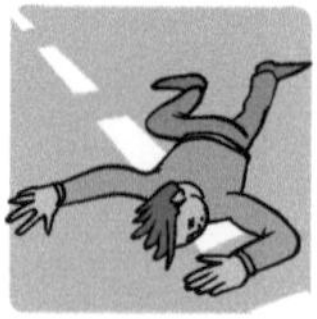
unconscious
သတိလစ်ခြင်း

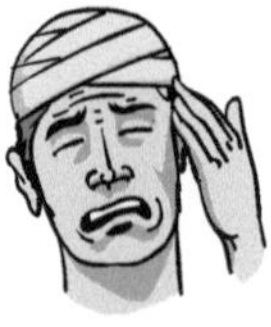
pain
နာခြင်း

injury

ဒဏ်ရာ

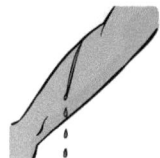

bleeding

သွေးယိုထွက်ခြင်း

heart attack

နှလုံးရပ်ခြင်း

stroke

လေဖြတ်ခြင်း

allergy

ဓာတ်မတည့်ခြင်း

cough

ချောင်းဆိုးခြင်း

fever

အဖျား

flu

တုတ်ကွေးရောဂါ

diarrhea

ဝမ်းပျက်ဝမ်းလျှောခြင်း

headache

ခေါင်းကိုက်ခြင်း

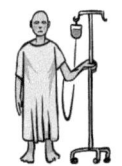

cancer

ကင်ဆာရောဂါ

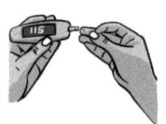

diabetes

ဆီးချိုရောဂါ

surgeon

ခွဲစိတ်ဆရာဝန်

scalpel

ခွဲစိတ်ခန်းသုံးဓါးပါး

operation

ခွဲစိတ်ခြင်း

CT

စီတီ

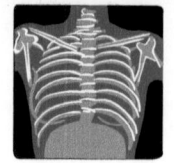

x-ray

ဓာတ်မှန်

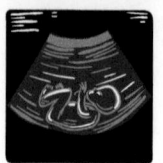

ultrasound

အာထရာဆောင်း

face mask

မျက်နှာဖုံး

disease

ရောဂါ

waiting room

စောင့်ဆိုင်းရန် အခန်း

crutch

ချိုင်းထောက်

plaster

ပလာစတာ

bandage

ပတ်တီး

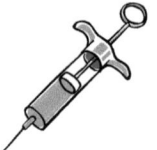

injection

ထိုးဆေး

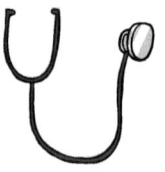

stethoscope

နားကြပ်

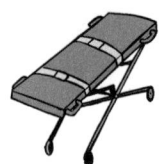

stretcher

လူနာတင်ထမ်းစင်

clinical thermometer

ကုသရေးပိုင်းသုံး
အပူချိန်တိုင်းသာမိုမီတာ

birth

မွေးဖွားခြင်း

overweight

အဝလွန်ခြင်း

hearing aid
နားကြားကိရိယာ

disinfectant
ပိုးသတ်ဆေး

infection
ရောဂါကူးစက်ခြင်း

virus
ဗိုင်းရပ်စ်ပိုး

HIV / AIDS
အိတ်ချ်အိုင်ဗွီ /
အေအိုင်ဒီအက်စ်

medicine
ဆေးဝါး

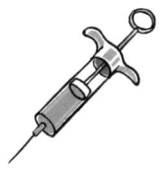

vaccination
ကာကွယ်ဆေးထိုးခြင်း

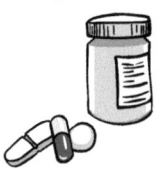

tablets
ဆေးလုံးများ

pill
ဆေးလုံး

emergency call
အရေးပေါ် ဖုန်းခေါ်ဆိုမှု

blood pressure monitor
သွေးဖိအား စောင့်ကြည့်သည့်
ကိရိယာ

ill / healthy
နာမကျန်းသော / ကျန်းမာသော

Help!
ကူညီကြပါ။

alarm
အရေးပေါ် ခေါင်းလောင်း

assault
ရိုက်နက်သည်

attack
တိုက်ခိုက်သည်

danger
အန္တရာယ်

emergency exit
အရေးပေါ် ထွက်ပေါက်

Fire!
မီး။

fire extinguisher
မီးသတ်ပူး

accident
မတော်တဆဖြစ်ရပ်

first-aid kit
ကြက်ခြေနီ ဆေးပုံး

SOS
အက်စ်အိုအက်စ်

police
ရဲ

Europe
ဉရောပတိုက်

North America
မြောက်အမေရိကတိုက်

South America
တောင်အမေရိကတိုက်

Africa
အာဖရိကတိုက်

Asia
အာရှတိုက်

Australia
သြစတြေးလျတိုက်

Atlantic
အတ္တလန္တိတ် သမုဒ္ဒရာ

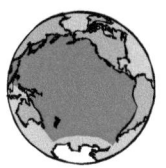

Pacific
ပစိဖိတ် သမုဒ္ဒရာ

Indian Ocean
အိန္ဒိယ သမုဒ္ဒရာ

Antarctic Ocean
အန္တာတိတ် သမုဒ္ဒရာ

Arctic Ocean
အာတိတ် သမုဒ္ဒရာ

North pole
မြောက်ဝင်ရိုးစွန်း

South pole

တောင်ဝင်ရိုးစွန်း

Antarctica

အန္တာတိကတိုက်

earth

ကမ္ဘာမြေကြီး

land

ကုန်းမြေ

sea

ပင်လယ်

island

ကျွန်း

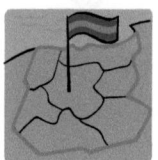

nation

နိုင်ငံကူးလက်မှတ်

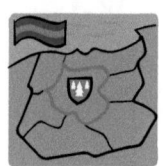

state

ပြည်နယ်

clock face

နာရီမျက်နှာပြင်

hour hand

နာရီလက်တံ

minute hand

မိနစ်လက်တံ

second hand

ဒုတိယလက်တံ

What time is it?

ဘယ်အချိန်ရှိပြီလဲ။

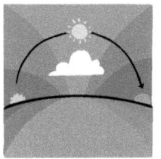

day

ရက်

time

အချိန်

now

ယခု

digital watch

ဒစ်ဂျစ်တယ် လက်ပတ်နာရီ

minute

မိနစ်

hour

နာရီ

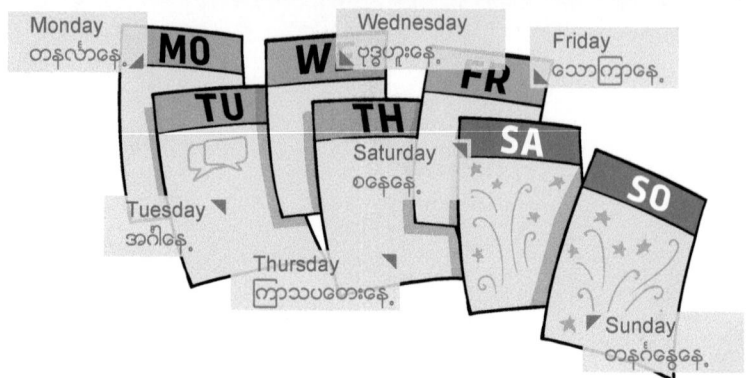

Monday
တနင်္လာနေ့

Wednesday
ဗုဒ္ဓဟူးနေ့

Friday
သောကြာနေ့

Tuesday
အင်္ဂါနေ့

Saturday
စနေနေ့

Thursday
ကြာသပတေးနေ့

Sunday
တနင်္ဂနွေနေ့

yesterday

မနေ့က

today

ယနေ့

tomorrow

မနက်ဖြန်

morning

မနက်

noon

နေ့လည်

evening

ညနေ

workdays

အလုပ်လုပ်ရက်များ

weekend

စနေ တနင်္ဂနွေ အားလပ်ရက်

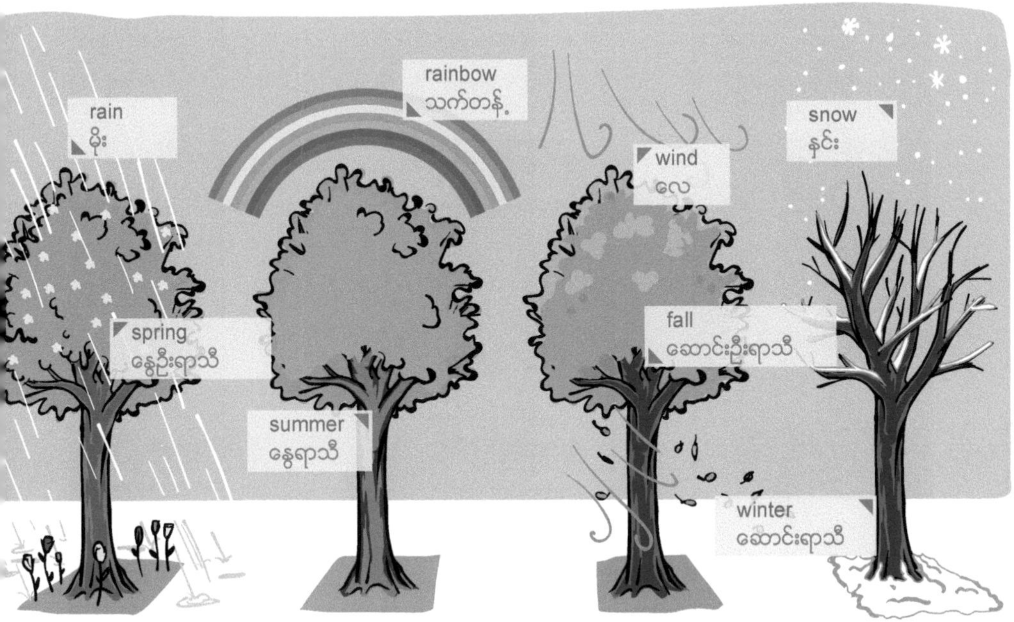

rain
မိုး
rainbow
သက်တန့်
wind
လေ
snow
နှင်း
spring
နွေဦးရာသီ
summer
နွေရာသီ
fall
ဆောင်းဦးရာသီ
winter
ဆောင်းရာသီ

4.APRIL 11°
5.APRIL 4°
6.APRIL 13°
7.APRIL 8°
8.APRIL 10°

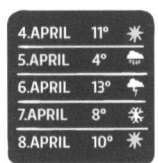

weather forecast

လေဝသ ကြိုတင်ခန့်မှန်းချက်

F
C
120 90 60 30 0 -30
40 30 20 10 0 -10 -20

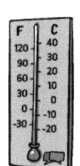

thermometer

အပူချိန်တိုင်း ကိရိယာ

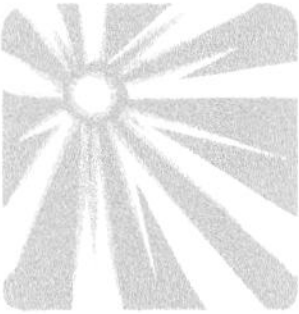

sunshine

နေရောင်ခြည်

cloud

တိမ်

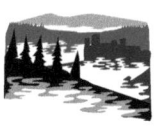

fog

မြူ

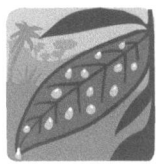

humidity

စိုထိုင်းဆ

lightning

လျှပ်စီးလက်ခြင်း

thunder

မိုးကြိုး

storm

မုန်တိုင်း

hail

မိုးသီး

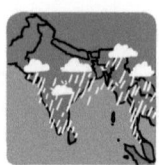

monsoon

မိုးရာသီ

flood

ရေကြီးခြင်း

ice

ရေခဲ

January

ဇန္နဝါရီလ

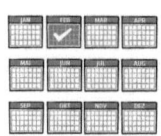

February

ဖေဖော်ဝါရီလ

March

မတ်လ

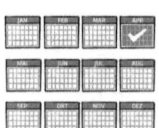

April

ဧပြီလ

May

မေလ

June

ဇွန်လ

July

ဇူလိုင်လ

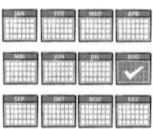

August

သြဂုတ်လ

year - နှစ်

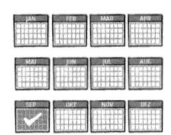

September

စက်တင်ဘာလ

October

အောက်တိုဘာလ

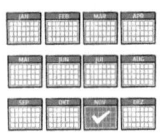

November

နိုဝင်ဘာလ

December

ဒီဇင်ဘာလ

shapes

ပုံစံများ

circle

စက်ဝိုင်း

square

စတုရန်း

rectangle

ထောင့်မှန်စတုဂံ

triangle

တြိဂံ

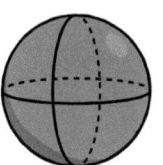

sphere

စက်ဝန်း

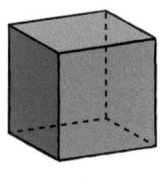

cube

အတုံး

colors
အရောင်များ

white
အဖြူရောင်

yellow
အဝါရောင်

orange
လိမ္မော်ရောင်

pink
ပန်းရောင်

red
အနီရောင်

purple
ခရမ်းရောင်

blue
အပြာရောင်

green
အစိမ်းရောင်

brown
အညိုရောင်

gray
မီးခိုးရောင်

black
အနက်ရောင်

a lot / a little

အများအပြား / အနည်းငယ်

angry / calm

စိတ်ဆိုးသော /
စိတ်တည်ငြိမ်သော

beautiful / ugly

လှပသော / ရုပ်ဆိုးသော

beginning / end

အစ / အဆုံး

big / small

အကြီးသော / အငယ်

bright / dark

တောက်ပသော / မှောင်မဲသော

brother / sister

ညီအစ်ကို / ညီအစ်မ

clean / dirty

သန့်ရှင်းသော / ညစ်ပတ်သော

complete / incomplete

ပြည့်စုံသော / မပြည့်စုံသော

day / night

နေ့ / ည

dead / alive

သေသော / ရှင်သော

wide / narrow

ကျယ်သော / ကျဉ်းသော

edible / inedible

စားသုံးနိုင်သော /
မစားသုံးနိုင်သော

evil / kind

စိတ်ယုတ်သော / ကြင်နာသော

excited / bored

စိတ်လှုပ်ရှားဖွယ် / ပျင်းရိဖွယ်

fat / thin

ဝသော / ပိန်သော

first / last

ပထမ / နောက်ဆုံးပိတ်

friend / enemy

မိတ်ဆွေ / ရန်သူ

full / empty

အပြည့် / ဘာမှမရှိ

hard / soft

မာသော / ပျော့သော

heavy / light

လေးလံသော / ပေါ့ပါးသော

hunger / thirst

ဆာလောင်သော / ရေဆာသော

ill / healthy

နာမကျန်းသော / ကျန်းမာသော

illegal / legal

တရားမဝင်သော /
တရားဝင်သော

intelligent / stupid

ဉာဏ်ကောင်းသော /
ထိုင်းသော

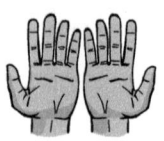

left / right

ဘယ် / ညာ

near / far

နီးသော / ဝေးသော

new / used

အသစ် / အသုံးပြုပြီးသား

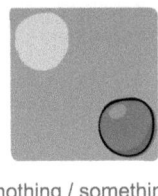

nothing / something

ဘာမှမရှိ / တစ်ခုခု

old / young

အသက်ကြီးသော /
ငယ်ရွယ်သော

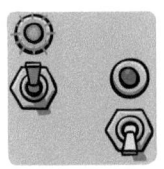

on / off

ဖွင့်သော / ပိတ်သော

open / closed

ဖွင့်သော / ပိတ်သော

quiet / loud

တိတ်ဆိတ် / ကျယ်လောင်

rich / poor

ချမ်းသာ / ဆင်းရဲ

right / wrong

အမှန် / အမှား

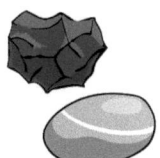

rough / smooth

ကြမ်းတမ်း / ချောမွေ့

sad / happy

ဝမ်းနည်း / ဝမ်းသာ

short / long

အတို / အရှည်

slow / fast

အနေး / အမြန်

wet / dry

စွတ်သော / ခြောက်သွေ့သော

warm / cool

နွေးထွေးသော / အေးမြသော

war / peace

စစ် / ငြိမ်းချမ်းရေး

0	**1**	**2**
zero	one	two
သုည	တစ်	နှစ်
3	**4**	**5**
three	four	five
သုံး	လေး	ငါး
6	**7**	**8**
six	seven	eight
ခြောက်	ခုနစ်	ရှစ်
9	**10**	**11**
nine	ten	eleven
ကိုး	တစ်ဆယ်	ဆယ့်တစ်

12

twelve
ဆယ့်နှစ်

13

thirteen
ဆယ့်သုံး

14

fourteen
ဆယ့်လေး

15

fifteen
ဆယ့်ငါး

16

sixteen
ဆယ့်ခြောက်

17

seventeen
ဆယ့်ခုနစ်

18

eighteen
ဆယ့်ရှစ်

19

nineteen
ဆယ့်ကိုး

20

twenty
နှစ်ဆယ်

100

hundred
ရာ

1.000

thousand
ထောင်

1.000.000

million
မီလျံ

English
အင်္ဂလိပ် ဘာသာစကား

American English
အမေရိကန် အင်္ဂလိပ်
ဘာသာစကား

Chinese Mandarin
တရုတ် မန်ဒရင်း ဘာသာစကား

Hindi
ဟိန္ဒူ ဘာသာစကား

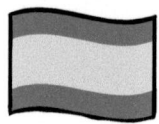

Spanish
စပိန် ဘာသာစကား

French
ပြင်သစ် ဘာသာစကား

Arabic
အာရာဗီ ဘာသာစကား

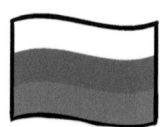

Russian
ရုရှ ဘာသာစကား

Portuguese
ပေါ်တူဂီ ဘာသာစကား

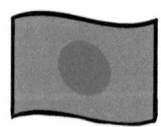

Bengali
ဘင်္ဂါလီ ဘာသာစကား

German
ဂျာမန် ဘာသာစကား

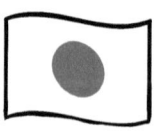

Japanese
ဂျပန် ဘာသာစကား

I

ကျွန်ုပ်

you

သင်

♂ ♀ ○

he / she / it

သူ / သူမ / ၎င်း

we

ကျွန်ုပ်တို့

you

သင်တို့

they

သူတို့

who?

ဘယ်သူလဲ။

what?

ဘာလဲ။

how?

ဘယ်လိုလဲ။

where?

ဘယ်နေရာလဲ။

when?

ဘယ်အချိန်လဲ။

HELLO, I AM

name

အမည်

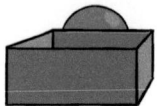

behind

အနောက်ဖက်

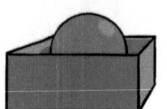

in

အတွင်း

in front of

အရှေ့ဖက်

over

အထက်ဖက်

on

အပေါ်ဖက်

under

အောက်ဖက်

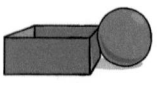

beside

ဘေးဖက်

between

ကြား

place

နေရာ